VIE
DE
HENRI DE FRANCE,

PAR M. THÉODORE MURET.

─⋄❦⋄─

Abrégé Populaire.

─⋄❦⋄─

DEUXIÈME TIRAGE.

—

PRIX : 5 CENTIMES.

PARIS.

| GARNIER F^{res}, LIBRAIRES, Palais-National, N° 215. | DENTU, LIBRAIRE, Palais-National, galerie Vitrée, 13. |

JEANNE, PASSAGE CHOISEUL, 68.

SEPTEMBRE 1849.

DU MÊME AUTEUR:

EN VENTE CHEZ GARNIER FRÈRES.

VIE

DE

HENRI DE FRANCE,

Troisième édition, entièrement revue et continuée jusqu'à la révolution de 1848 inclusivement.

AVEC LE PORTRAIT DU PRINCE.

Grand in-18, contenant la matière d'un volume in-8° ordinaire. — Prix : 75 cent.

L'Abrégé populaire a été fait pour être mis à la portée des plus pauvres; à tous les lecteurs un peu plus aisés, s'adresse l'ouvrage d'où cet Abrégé est extrait.

LA VÉRITÉ

AUX OUVRIERS, — AUX PAYSANS, — AUX SOLDATS

Prix : 5 centimes.

Les tirages successifs de cette brochure ont dépassé 600,000 exemplaires; c'est le plus grand succès de ce genre dont la librairie se souvienne.

CASSE-COU!

SOCIALISME, — IMPÉRIALISME, — ORLÉANISME.

Ce n'est pas assez de montrer l'extravagance et la perversité des doctrines anti-sociales : il faut également signaler les écueils où l'on pourrait, sous prétexte de *l'ordre*, besoin si vivement senti, entraîner les esprits crédules; il faut dissiper les illusions, démasquer les intrigues. La question d'où dépend l'avenir de la France est posée de la manière la plus nette et la plus claire dans la nouvelle brochure de l'auteur de *la Vérité*.

Prix : 10 centimes.

VIE

DE

HENRI DE FRANCE.

CHAPITRE PREMIER.

Naissance du duc de Bordeaux. — Transports de joie qu'elle excita. — Bienfaits répandus, dans cette circonstance, par le roi et la famille royale. — Irritation témoignée par la famille d'Orléans. — Baptême du jeune prince. — Le château de Chambord offert au duc de Bordeaux par la France.

Le 29 septembre 1820, c'était, dans Paris, une joie comme rarement on en a vu.

Depuis plusieurs mois, d'ardentes prières s'élevaient de toutes parts pour obtenir du ciel un rejeton du sang de saint Louis. Le duc de Berry, mourant assassiné, le pardon à la bouche, avait, le premier, annoncé l'espoir que la duchesse, — tout à l'heure sa veuve, — portait dans son sein : sur cette espérance si fragile, reposait tout l'avenir de la France.

Que de chances pour que la frêle promesse ne survécût pas à l'horrible émotion d'une femme qui a vu jaillir sur elle tout le sang de son époux ! Et ce n'est pas encore assez : le génie du mal avait voulu achever l'œuvre du poignard de Louvel ; un énorme pétard fut tiré, pendant la nuit, sous les fenêtres des Tuileries, pour déterminer une fausse couche ; enfin, la jeune princesse qui vint au monde l'année précédente devait-elle avoir un frère ?

Or, le matin de ce 29 septembre, avant le jour, quand le canon des Invalides se fit entendre, avec quelle anxiété l'on compta les coups ! On en devait tirer douze pour une princesse, vingt-quatre pour un prince. Il n'y avait du monde debout, à cette heure-là, que dans les marchés. Après le douzième coup, chacun attendait palpitant : au treizième, ce furent des cris enthousiastes de *Vive le Roi ! Vive la Duchesse de Berry !* Au marché des Innocents, beaucoup d'habitants des environs de Paris se hâtèrent de vendre leurs denrées au rabais, pour annoncer plus tôt l'heureux évènement dans leurs villages.

La princesse avait montré une présence d'esprit admirable. Comme on n'attendait l'accouchement qu'un peu plus tard, et que le travail se fit très promptement, les témoins désignés ne purent se trouver là. Pour repousser d'avance la calomnie, la duchesse ordonna qu'on appelât bien vite les gardes nationaux de service. Le factionnaire, M. Laîné, fut le premier qui entra ; vinrent ensuite MM. Peigné, Dauphinot et M. Triozon-Sadourny, qui commandait le poste. Ils appartenaient à la 9e légion (rue et quartier Saint-Antoine). Tous les quatre virent l'enfant tenant encore à sa mère ; ils signèrent l'acte de naissance, et leurs déclarations furent transmises sur le registre de la garde nationale de Paris. Le maréchal Suchet, l'un des témoins choisis, arriva un moment après et vérifia les mêmes circonstances constatées par les gardes nationaux.

A mesure que la grande nouvelle se répandait, les rues se remplissaient de groupes empressés, parmi lesquels tous les détails circulaient de bouche en bouche. On arborait aux fenêtres des drapeaux blancs et des guirlandes de fleurs. Tout le monde se félicitait comme d'un bonheur commun. On voyait des personnes s'aborder, sans se connaître, pour se communiquer réciproquement l'élan de leur joie. Bien des gens remarquaient que le duc de Bordeaux était né le jour de la fête de saint Michel, qui terrassa le démon. On se rappelait les affreuses émotions éprouvées par la duchesse de Berry pendant sa grossesse, et l'on se disait que son enfant pouvait bien être nommé l'*Enfant du miracle*.

La foule se portait surtout vers les Tuileries. Tous les yeux étaient tournés vers les fenêtres de la princesse. Aux cris de *Vive le Roi ! Vive la Duchesse de Berry !* se mêlaient ceux de : *Vive le Duc de Bordeaux !* La foule demandait à voir le prince. Une fenêtre s'ouvrit, et le royal enfant fut montré au peuple, à côté de sa sœur,

MADEMOISELLE, qui battait de ses petites mains et qui semblait comprendre la joie générale.

A midi, le roi se rendit dans la chapelle du château pour entendre le *Te Deum*. Avant de rentrer dans ses appartements, il parut au balcon, entouré du comte d'Artois, du duc et de la duchesse d'Angoulême. A leur aspect, les acclamations redoublèrent ; mais le roi ayant fait signe qu'il voulait parler, un grand silence s'établit.

« — Mes amis, dit alors Louis XVIII, votre joie centuple la mienne. Le ciel nous a donné un fils... »

Il s'arrêta un moment : des larmes d'émotion, de bonheur, coulaient de ses yeux.

« — Oui, mes amis, continua-t-il, c'est un fils pour nous tous ; il vous aimera comme je vous aime, comme nous vous aimons tous. »

Les acclamations couvrirent ces derniers mots.

« — Oui, reprit le roi d'une voix plus élevée, nous ne faisons tous qu'une même famille ; vous êtes tous mes enfants. »

A ces mots un sentiment religieux s'empara de toute cette foule : on se mit à genoux ; le roi étendit ses mains, et l'on aurait dit un père bénissant sa postérité.

La duchesse de Berry désira aussi voir le peuple et se montrer à lui. Elle fit avancer son lit jusqu'à une fenêtre, tandis qu'elle tenait son fils dans ses bras. Pour qu'on pût le contempler de plus près, elle ordonna de laisser entrer le public, qui, aussitôt, se précipita vers les portes. Depuis midi jusqu'à deux heures, plusieurs milliers de personnes de toute condition furent admises et purent s'approcher de la princesse et de son fils.

Dans la journée, le comte d'Artois reçut d'un artisan du faubourg Saint-Marceau une pétition ainsi conçue : « Monseigneur, ma femme est accouchée cette nuit, à la » même heure que S. A. R. Madame la duchesse de » Berry ; nous sommes bien pauvres. » Le prince lui envoya aussitôt cinquante louis.

Trois jours après, le roi rendit une ordonnance où respire aussi la plus touchante bonté. Une somme de 50,000 fr. fut consacrée au paiement des dettes contractées envers le bureau des nourrices par des pères et mères de la ville de Paris ; le roi se chargeait des mois de nourrice de tous les enfants mâles nés à Paris, le 29 septembre, de parents indigents ; — une somme de 200 fr. était versée, au nom de chacun de ces enfants, dans la caisse d'épargne ; vingt prisonniers pour dettes, les plus méritants, étaient libérés ; — le tout aux frais de la cassette royale.

Voilà comment les Bourbons, pensant toujours au pauvre peuple, dans leurs joies, voulaient qu'il eût aussi sa part de bonheur. Voilà comment plus d'une petite aisance se rattache à la naissance du duc de Bordeaux. Le roi, au milieu de l'éclat de son palais, s'était rappelé que, le même jour, dans la mansarde de l'ouvrier, d'autres enfants avaient dû naître, et il s'occupait, avec une sollicitude paternelle, de leur avenir ; car il considérait ces enfants comme étant, en quelque sorte, les frères du Fils de France.

Un grand nombre de personnes s'associèrent aux bontés du roi, en répandant, comme lui, des bienfaits. Les unes dotèrent des jeunes filles pauvres ou délivrèrent des prisonniers pour dettes ; les autres firent des distributions de pain parmi les indigents. C'était, en effet, la meilleure manière de célébrer la naissance d'un Bourbon.

Un temps magnifique avait permis de faire jouer le télégraphe le jour même. L'allégresse éclata dans les provinces comme à Paris ; la raison était d'accord avec le sentiment, pour fêter cette naissance tant désirée. On sentait bien que, dans cet évènement, il y avait pour la France un gage de paix, de stabilité. La joie fut également vive dans le peuple et dans l'armée. Plusieurs soldats, qui avaient leur congé, voulurent rester au service. Pendant bien des jours, une foule considérable se rassembla sous les fenêtres des Tuileries, pour avoir des nouvelles de la duchesse et de son fils. Les fêtes données à cette occasion furent superbes, et animées par un enthousiasme dont la police n'avait pas fait les frais.

La famille d'Orléans, seule, montra une mauvaise humeur et une irritation non dissimulées : la naissance d'un héritier de la couronne la frappait dans ses calculs d'ambition.

Aux innombrables bienfaits qui célébrèrent, dans tout le royaume, la venue d'HENRI-DIEUDONNÉ, les Bourbons ajoutèrent des actes de clémence. Le roi accorda une foule de grâces et d'amnisties. Le 30 octobre, Bouton et Gravier, reconnus auteurs de l'attentat de la nuit du 6 au 7 mai, furent condamnés à mort par la cour d'assises. La duchesse de Berry demanda et obtint pour eux grâce de la vie; ainsi la naissance de cet enfant, que les révolutionnaires avaient voulu tuer dans le sein de sa mère, fut marquée par la grâce des coupables, réclamée par la mère elle-même !

Le 1er mai 1821, eut lieu, à Notre-Dame de Paris, le baptême du prince.

Sur le chemin que suivirent le roi et la famille royale pour se rendre à la cathédrale, la foule était immense. Des drapeaux blancs, ornés de fleurs-de-lis, décoraient toutes les maisons. Les plus vives acclamations saluaient le royal enfant que l'on présentait au peuple, sans défiance et sans crainte. Jamais, depuis la révolution de 1830, dans les solennités publiques, on n'a revu ce caractère touchant et expansif qui rappelait les fêtes de famille; on peut bien faire des programmes, mais le sentiment ne se commande pas.

Le parrain et la marraine étaient le roi de Naples et la princesse héréditaire de Naples. En leur absence, ils furent représentés par MONSIEUR et par MADAME, duchesse d'Angoulême. Pendant la cérémonie, madame la duchesse de Berry couvrait son fils de baisers; bientôt, son émotion devint si forte, qu'elle se mit à pleurer. C'était à la fois des larmes de joie pour son enfant, et des larmes de regret pour l'époux qui manquait à son bonheur.

Le baptême du duc de Bordeaux, de même que sa naissance, fut une fête pour les pauvres, à qui d'abondants secours furent distribués.

La même année, le domaine de Chambord fut acheté par souscription, pour être offert au duc de Bordeaux. Chambord est un magnifique château situé aux environs de Blois, jadis habité par les rois de France, puis par le maréchal de Saxe : il était sur le point de tomber sous l'avide marteau de la *bande noire*, quand on eut l'heureuse idée d'en faire un don national au jeune prince. Dans toutes les classes de la société, l'on souscrivit avec empressement, et ce fut le 1er mai, le jour de son baptême, que le duc de Bordeaux devint propriétaire de

Chambord. La famille d'Orléans a voulu, par de mauvaises chicanes, s'emparer de ce domaine, présent de la France ; mais les tribunaux ont eu assez d'indépendance pour faire respecter le bon droit.

CHAPITRE II.

Education du duc de Bordeaux. — Différents traits de son enfance. — M. de la Villatte. — La Saint-Henri de 1830. — La révolution de Juillet. — Abdication en faveur du duc de Bordeaux, sous le nom d'Henri V. — Départ de la famille royale. — Embarquement à Cherbourg. — Paroles de M. Odilon-Barrot à Charles X.

L'éducation du duc de Bordeaux commença de bonne heure. Dès quatre ans il savait lire. M. Barande, ancien élève très distingué de l'Ecole polytechnique, était directeur de ses études, MM. Colart et Lefranc étaient ses professeurs ordinaires ; M. d'Hardivillier lui enseigna le dessin. Pour qu'il devînt leste et adroit, on lui fit suivre, tout jeune, un cours de gymnastique, sous la direction de M. le colonel Amoros. Plusieurs enfants lui avaient été adjoints comme compagnons d'étude, et ils étaient absolument traités comme ses égaux. Il n'y avait là, pour le prince, ni préférence, ni flatterie.

On travaillait, dès sa plus tendre enfance, à former son caractère. On ne lui passait aucune faute essentielle ; telle était la volonté formelle de sa mère et du roi.

De jour en jour, les heureuses qualités du jeune prince se développaient, et il montrait déjà cette franchise, cette générosité, cet excellent cœur qui était, chez lui, comme un héritage. Une fois, n'ayant pas encore quatre ans accomplis, il avait articulé un gros mot, un juron : vivement réprimandé, interrogé sur la personne dont il recevait de telles leçons, il refusa formellement de la nommer. Ni sa gouvernante madame de Gontaut, ni madame la duchesse de Berry, ni le roi même ne purent vaincre son silence : l'enfant fondait en larmes, demandait pardon de sa faute, mais répétait qu'il ne voulait pas nommer cette personne, parce qu'on la gronderait bien fort. Louis XVIII lui fit subir un quart d'heure d'arrêts derrière son fauteuil : cette punition resta inutile comme le reste. On aurait été bien fâché qu'il cédât: aussi, le quart d'heure fini, le roi, content de l'épreuve, prit son petit-neveu sur ses genoux, le pressa sur son cœur, le félicita de sa courageuse discrétion. En sortant de chez le roi, HENRI, dans une antichambre, rencontra le coupable : c'était un valet de pied qui, tout tremblant, s'attendait à être renvoyé. Le prince le tira par l'habit :

— Sois tranquille, lui dit-il à voix basse, je ne t'ai pas nommé.

Ce fut alors le valet de pied qui, plein d'émotion et de reconnaissance, se dénonça lui-même ; mais il obtint son pardon.

Le duc de Bordeaux avait pris en amitié le fils d'un soldat du 3e régiment d'infanterie de la garde, nommé Andras. Cet enfant, à peu près de l'âge du prince, portait l'uniforme du régiment, et plaisait à tous les officiers par son air espiègle et sa gentillesse. Il fut plusieurs fois admis à partager les jeux d'HENRI, au château de Bagatelle. Madame la duchesse de Berry le prit sous sa protection et le plaça au collége de Mantes. La révolution de juillet, qui jeta le prince en exil, frappa aussi le fils du soldat. Le jeune Andras vit interrompre l'éducation que lui faisait donner son auguste protectrice. Dix ou douze ans après, il se trouvait déjà marié, père de famille. Il avait besoin de 600 fr. pour créer à sa femme un petit établissement de blanchisseuse. HENRI fut instruit de sa position, et Andras reçut les 600 fr. Le fils de France s'était souvenu avec plaisir de l'enfant de troupe.

Dès sa première enfance, le duc de Bordeaux témoignait le goût le plus décidé pour tout ce qui était militaire. Il était colonel titulaire d'un régiment de cuirassiers. Lorsque M. de Saint-Belin, qui commandait ce régiment, venait voir le prince, celui-ci le questionnait avec empressement. Tout ce que M. de Saint-Belin demandait pour des officiers, sous-officiers et soldats, HENRI l'accordait avec grâce, et entrait dans des détails étonnants pour son âge. Un jour, il alla visiter le corps-de-garde de l'Horloge aux Tuileries. Plusieurs soldats fumaient ; l'officier voulut faire ouvrir la fenêtre : « Non,

» non, dit le duc de Bordeaux, cela sent bon, *cela sent*
» *le soldat.* »

En 1826, HENRI passa des mains de madame de Gontaut dans celles d'un gouverneur, le duc Mathieu de Montmorency ; mais cet homme respectable fut enlevé presque aussitôt par une mort subite. Il eut pour successeur le duc de Rivière, qui ne justifiait pas moins une telle position par son mérite et ses vertus, mais qui ne l'occupa lui-même que deux ans. Mort en 1828, il fut dignement remplacé par le baron de Damas.

Des gens malintentionnés répandaient le bruit que le duc de Bordeaux était d'une constitution faible, délicate ; qu'il était même affecté de scrofules, d'*humeurs froides*. On sut que ces propos, parvenus jusqu'à l'ambassadeur d'Angleterre, ne l'avaient pas trouvé tout-à-fait incrédule. Le baron de Damas invita exprès l'ambassadeur à prendre le thé. Le jeune prince était là. Les scrofules, comme chacun sait, se manifestent sur le cou par de cruelles marques : or, le royal enfant, en petite veste, avec sa chemise rabattue sur les épaules, laissait voir son cou bien sain et bien blanc et tous les caractères de la vigueur et de la santé. L'ambassadeur fut bien surpris, et il put écrire à Londres que le duc de Bordeaux se portait beaucoup mieux que ne l'auraient voulu certaines personnes.

Vers le même temps, Charles X plaça près de son petit-fils M. de La Villatte, brave et franc militaire, dont la figure est décorée d'une noble cicatrice. M. de La Villatte était chargé de donner au prince des habitudes viriles, d'en faire ce qu'on appelle un *luron*. Il couchait dans la même chambre, et il fallait que le jeune prince fût réveillé de bon matin. Le royal enfant se prit bientôt pour *son bon La Villatte* (c'est ainsi qu'il l'appelait) d'une affection qui est restée inaltérable. Plus d'une fois il vida la bourse de ses menus plaisirs dans les mains de ce digne ami pour soulager les infortunes que La Villatte lui signalait. Il n'était heureux d'avoir de l'argent que pour le répandre en bienfaits et en aumônes.

Le duc de Bordeaux professait un véritable culte pour Henri IV. Il aimait à rappeler les actions et les paroles remarquables de ce grand et bon roi.

« — Oui, » disait-il encore enfant ; « oui, je veux
» être *Henri IV second.* »

Ses études étaient fréquemment pour lui une occasion de faire éclater les sentiments si français qu'on mettait dans son âme. Un jour, dans sa leçon d'histoire, il s'agissait du connétable de Bourbon. On lui demandait le nom de ce connétable qui fut traître à son pays. Il garda le silence. Interrogé de nouveau : « — Ah ! dit-il, je
» m'en souviens bien ; mais je ne veux pas le dire. Je
» sais bien ce que je ferai ; je l'appellerai le *mauvais*
» *connétable,* car je ne pourrai jamais nommer *Bourbon*
» un homme qui a trahi la France. »

Dans l'intervalle des études du prince, on lui faisait voir les manufactures, les établissements publics, tout ce qui pouvait développer son esprit et ajouter à son instruction.

Étant allé visiter la caserne de Courbevoie, occupée par le 2e régiment d'infanterie de la garde, il remit 1,200 fr. au général Colomb d'Arcine, pour les distribuer aux sous-officiers mariés, et aux vieux caporaux et soldats. Il parcourut les chambrées, les cuisines, la salle de police, la pharmacie, l'infirmerie. Le général ne se souciait pas de le mener à la salle des *galeux ;* mais son gouverneur voulut l'y conduire :

« — Il faut, dit-il, que Monseigneur connaisse toutes
» les misères, pour les soulager autant qu'il le pourra. »

La sœur du prince, MADEMOISELLE, avait sous sa protection particulière l'œuvre de Saint-André en faveur des jeunes filles pauvres ; le duc de Bordeaux était président de la Société de Saint-Joseph, composée d'enfants de familles riches ou aisées, qui consacraient l'argent de leurs menus plaisirs à payer l'apprentissage de jeunes ouvriers indigents ou orphelins, chez de braves artisans, dont ils ne pouvaient recevoir que de bons exemples. On les soignait en cas de maladie, on pourvoyait à tous leurs besoins.

« — Soyez bien sages, » disait HENRI aux membres de l'association, chaque fois qu'il les rassemblait ; « soyez
» bien économes pour nos petits ouvriers. »

Le dimanche, les jeunes protégés d'HENRI se réunissaient dans un local disposé exprès et entouré de cours spacieuses. Un prêtre leur disait la messe et leur adressait de paternelles exhortations ; puis ils se livraient gaîment à des jeux honnêtes, garantis ainsi de la corruption et des dangers d'une grande ville. Henri allait de temps en temps les visiter, causait familièrement avec eux, leur donnait de bons conseils, et leur laissait toujours des marques de sa générosité.

Voilà quel était le cœur, voilà quelle était l'éducation du duc de Bordeaux, voilà comment on lui apprenait tous les devoirs, toutes les vertus d'un homme et d'un prince. On ne l'avait pas envoyé dans un collège public; on n'avait pas fait du charlatanisme, de la comédie de popularité; mais à dix ans il avait déjà une instruction remarquable pour son âge. Il possédait les éléments du latin, la langue allemande, le dessin, la géographie, l'histoire, surtout celle de la France. — Noble enfant qui, de si bonne heure, savait déjà se faire chérir !

La Saint-Henri de 1830 fut rehaussée par l'éclat de cette admirable conquête d'Alger, glorieux legs fait par la Restauration à la France. Il y eut une charmante fête d'enfants dans le parc de Saint-Cloud. Le duc de Bordeaux en fit les honneurs avec la grâce la plus aimable. Le lendemain, un grand banquet militaire fut donné, dans le parc de Versailles, par M. de Cherisey, colonel du 2e régiment d'infanterie de la garde, et le toast suivant fut porté par le lieutenant-colonel Guingret :

« A monseigneur le duc de Bordeaux ! à ce prince que
» le ciel nous a donné pour consolation ! Le nom de
» Henri est un heureux présage de gloire et de bon-
» heur ! »

Moins de quinze jours après, éclatait la révolution, depuis long-temps préparée, qui avait son centre et son foyer chez le duc d'Orléans.

Charles X avait retiré les ordonnances du 25 juillet, pour ôter tout prétexte à l'insurrection; mais l'ambition de son cousin voulait autre chose. Le vieux roi et le dauphin abdiquèrent en faveur du duc de Bordeaux : cette résolution fut annoncée au duc d'Orléans, que Charles X nommait lieutenant-général du royaume : il le chargeait en même temps de faire proclamer le nouveau roi Henri V : le duc d'Orléans, trahissant ce mandat sacré, mit la main sur l'héritage de l'orphelin dont il devait être le protecteur !

Entouré de braves et fidèles troupes, près d'être rejoint par celles du camp de Saint-Omer, qui arrivaient en toute hâte, Charles X pouvait encore, sans aucun doute, rentrer dans Paris; une bonté mal entendue prévalut, pour le malheur de la France. MADAME voulait absolument se montrer à ce peuple parisien qui l'aimait, tenant dans ses bras son fils, son Henri, cet enfant à qui les ennemis les plus acharnés de sa famille ne pouvaient rien reprocher : le roi ne lui permit pas d'exécuter cette courageuse résolution.

Le 3 août, la famille royale prit la route de l'exil. Le duc de Bordeaux, auquel il fallut expliquer ce fatal départ, fit d'affectueux adieux aux officiers et aux soldats de la garde royale; apercevant un drapeau, il le salua: « Messieurs, dit-il, pensez quelquefois à Henri; pour lui, il ne vous oubliera jamais. »

Charles X partait, mais il partait en roi, escorté jusqu'à la fin de ses gardes-du-corps dévoués. Trois commissaires du nouveau gouvernement, MM. de Schonen, Odilon-Barrot et Maison, l'accompagnaient. Cette auguste famille des Bourbons songeait si peu à elle-même, que l'argent lui manquait pour ce voyage douloureux, qui dura treize jours.

Sur la route, la famille royale recueillit de nombreux témoignages d'affection et de regrets. La vue des deux pauvres enfants, proscrits si jeunes, excitait surtout un bien vif intérêt. A Montebourg, par exemple, entre Carentan et Valognes, les bons habitants entouraient HENRI, lui demandaient ses mains à baiser, et plusieurs s'écriaient, les yeux baignés de larmes : « On nous a bien
» défendu de vous dire ce que nous pensons; mais c'est
» égal : *vive le duc de Bordeaux, et revenez bientôt!* »

A Valognes, dernière station avant Cherbourg, les quatre compagnies des gardes-du-corps remirent au roi leurs étendards. Charles X, d'une voix étouffée par l'émotion, les remercia de leur dévoûment, puis il dit ·
« Messieurs, je reprends ces étendards; vous avez su les
» conserver sans tache : j'espère qu'un jour mon petit-
» fils aura le bonheur de vous les rendre de même. »

Le 16, eut lieu le fatal embarquement. Le roi et le dauphin étaient en habit bourgeois ; les princesses portaient aussi un costume fort simple. Le duc de Bordeaux avait une petite veste bleu clair, un pantalon blanc, un chapeau gris. Il promenait ses yeux autour de lui, sur cette foule qui le regardait avec attendrissement. Bien des personnes pleuraient, M. Odilon-Barrot, l'un des commissaires, adressa ces paroles à Charles X: « Sire, » conservez bien cet enfant précieux, sur lequel re- » posent les destinées de la France. »

Un moment après, Henri quittait le sol de son pays. Tant que la terre fut en vue, ses regards y demeurèrent attachés.

Une nouvelle vie commençait pour le jeune prince : c'était celle de l'exil.

CHAPITRE III.

Séjour de la Famille royale exilée à Edimbourg. — Elle va ensuite habiter Prague, puis Goritz. — Mort de Charles X. — Voyages du duc de Bordeaux dans plusieurs contrées. — Son accident; sa guérison. — Son voyage en Angleterre.

De Lulworth, qui fut en Angleterre sa première résidence, la famille royale exilée partit, au bout de quelques semaines, pour Edimbourg.

« — Je suis plus heureuse que toi, » dit Mademoiselle à son frère, au moment de quitter Lulworth ; « je ferai » le voyage par terre, et toi, tu iras par mer ; tu ne » verras rien.

» — Ah! » répondit Henri, « je ne voudrais pas chan- » ger avec toi : je verrai la côte de France. »

Les Bourbons habitèrent, à Edimbourg, le palais d'Ho-ly-Rood, résidence des anciens rois d'Écosse. Là, le duc de Bordeaux continua son éducation, dirigée à la fois vers la culture de l'esprit et vers le développement du corps. L'équitation, la natation, le tir au pistolet, lui devinrent de bonne heure familiers. Il fit aussi plusieurs courses à pied dans les montagnes de la Haute-Ecosse. Son fidèle La Villatte restait associé à son adversité comme à ses grandeurs. Pour valet de chambre ordinaire, il avait M. Collas qui, parti comme soldat, avait fait toutes les guerres de la République et de l'Empire, et qui portait sur son corps la cicatrice de plus de vingt blessures. Tous les soirs, après sa prière, au moment de se coucher, le prince lui disait : « Allons, je vous en » prie, racontez-moi donc une de vos batailles ou un de » vos bivouacs. »

Un jour, HENRI eut une grande joie à vider sa bourse dans les mains de trois marins français naufragés. Souvent M. de La Villatte parlait à HENRI des malheurs du peuple, obligé de gagner son pain de chaque jour par un travail pénible, et exposé sans cesse à manquer du nécessaire.

« — Ah ! » disait alors HENRI avec émotion, « ah ! com- » bien il est du devoir des rois de veiller aux intérêts du » peuple ! Et maintenant, me plaindrai-je de la moin- » dre contrariété, sachant combien il y a de malheureux » qui souffrent ! »

Lorsque les journaux firent connaître à Holy-Rood la proposition de M. de Briqueville relativement au *bannissement à perpétuité de Charles X et de sa famille,* le duc de Bordeaux fut saisi d'un frémissement, et son visage se couvrit à l'instant d'une vive rougeur.

« — Je n'y puis croire, » s'écria-t-il ; « c'est impossible ; » mais ils ne savent donc pas que je les aime, et bien » plus que tous les autres pays où l'on est cependant » bien bon pour nous ! Non, non, je ne le croirai ja- » mais... Non, cela est impossible ! »

Le 2 février 1832, le duc de Bordeaux fit sa première communion. Ce fut ce jour-là qu'on lui fit connaître, pour la première fois, toutes les circonstances de l'assassinat de son père ; mais, en même temps, on lui apprit à pardonner, comme avait fait, au lit de mort, l'auguste victime.

Dans l'automne de cette année, la famille royale jugea convenable de transférer sa résidence dans un autre pays, et elle choisit les Etats d'Autriche. La charité, la bonté des augustes exilés leur avaient concilié l'affection et le respect de tous ; aussi l'annonce de leur départ fut, pour la population d'Edimbourg, un véritable deuil public. Les magistrats vinrent exprimer à Charles X leurs profonds regrets et lui présenter un dernier hommage. Le peuple se porta en foule au lieu de l'embarquement, et croyant d'abord que le départ des Bourbons n'était pas volontaire, il voulait s'y opposer; puis il les salua de ses longues acclamations et de ses vœux pour leur prospérité.

Ce fut à Prague, capitale de la Bohême, que la famille royale se fixa. Elle occupait le Hradschin, ancien palais des rois de Bohême, et, pendant l'été, un château à quelques lieues de la ville, nommé Buschtirhad.

Le 29 septembre suivant, à l'occasion du treizième anniversaire de sa naissance, âge fixé, d'après les anciennes lois, pour la majorité royale, HENRI reçut les hommages d'un grand nombre de Français venus pour le saluer. Lui et MADEMOISELLE remirent à ces fidèles visiteurs, pour les pauvres de France, tout l'argent qu'ils possédaient. Ils n'oubliaient personne, et ils sacrifiaient souvent bien des petits plaisirs pour venir en aide à d'anciens serviteurs frappés dans leur existence.

Vers le milieu de 1833, les fonctions de gouverneur du duc de Bordeaux furent confiées au général Latour-Maubourg, cité dans les bulletins de toutes nos grandes batailles, depuis l'Egypte jusqu'à Leipsick, où il eut la cuisse emportée. Un autre glorieux vétéran de l'Empire fut attaché, par Charles X, à la personne de son petit-fils : ce fut le général d'Hautpoul, ancien officier d'ordonnance de Napoléon. De pareils choix en disent plus que toutes les paroles.

Les Bourbons habitèrent Prague pendant quatre ans. Ils se fixèrent ensuite à Goritz, autre ville des Etats autrichiens. Ce fut là que mourut Charles X, le 6 novembre 1836. Ce bon prince, tant calomnié, expira en bénissant ses petits-enfants et en priant pour la France.

Le duc de Bordeaux continuait ses études militaires sous la direction d'officiers d'un haut mérite. Au mois de mai 1839, il partit pour un voyage dans les provinces frontières de l'Autriche du côté de la Turquie. Accompagné du général Latour-Foissac, du duc de Lévis, colonel du 54e de ligne dans l'expédition de Grèce en 1828, et du comte de Locmaria, officier supérieur de la garde royale, il visita la Hongrie, la Transylvanie. Dans ce dernier pays se trouve une sorte de colonie de Français. HENRI se détourna de son chemin exprès pour les voir.

Ils allèrent joyeusement à sa rencontre avec leur maire et leur curé. Pour ces braves gens, la révolution de juillet n'existait pas. Le noble exilé fut heureux de se trouver ainsi au sein d'une petite France.

La même année, HENRI se rendit à Vérone, où l'Autriche avait un grand camp de manœuvres. Au lieu de ces uniformes autrichiens, combien il aurait préféré voir des bataillons français! Tel est le sentiment qu'il exprimait partout où il voyait des troupes étrangères.

De Vérone il se rendit, par Pise et Sienne, à Rome, où il fit quelque séjour; puis à Naples, d'où il revint à Florence. Au mois de février 1840, il était de retour à Goritz. Partout il fut jugé de la manière la plus favorable. A Rome se trouvaient plusieurs membres de la famille Bonaparte, qui exprimèrent sur lui la même opinion que tout le monde. L'un d'eux aurait même désiré qu'HENRI acceptât, pour séjour, sa maison de campagne.

Un affreux accident devait, l'année d'après, mettre le courage du prince à une rude épreuve. Le 28 juillet 1841, près du château de Kirchberg, résidence d'été de la famille royale, un cheval rétif, dont il voulut vaincre la résistance, se renversa sur lui de tout son poids. Il y avait dix chances contre une pour qu'il fût écrasé, tué sur place, sans compter une barrière hérissée de pointes aiguës sur laquelle il pouvait être lancé. Il eut le col du fémur gauche fracturé. Son sang-froid fut admirable. — « Quel dommage, » dit-il, « que ce ne soit pas sur un » champ de bataille! » Pendant cinquante jours, étendu avec un appareil de poids et de contre-poids qui lui tiraient la cuisse pour éviter le raccourcissement, il supporta courageusement les plus vives douleurs. — « Allons, mon cher général, » disait-il au baron Clouet, « c'est pour compléter mon éducation que Dieu m'a en- » voyé cette épreuve de patience. »

En France, que de prières s'élevaient pour le petit-fils de saint Louis! Le bruit de sa mort fut répandu. Cette fausse nouvelle, par l'abominable joie qu'elle excita chez quelques-uns, par la consternation ou l'intérêt pressant qu'elle fit naître chez tous les autres, servit à montrer d'une manière éclatante la place immense que l'exilé tenait toujours en Europe.

Les soins habiles des docteurs Bougon et Watmann

furent bénis du ciel. Rarement on a vu, dans un cas si grave, une aussi belle guérison : le ciel avait voulu montrer une fois de plus que le nom de Dieudonné que reçut le fils du martyr, était bien choisi.

L'année suivante, presqu'à la même date, le fils aîné de Louis-Philippe périssait comme par un coup de foudre, victime d'une chute en apparence bien moins dangereuse. Henri, à cette nouvelle, oublia les joies odieuses qui avaient éclaté dans certaines régions à la nouvelle de son propre accident. Comme pour la princesse Marie d'Orléans, les Bourbons exilés n'eurent, cette fois encore, que des prières, un deuil religieux.

En 1842, Henri visita Venise où le capitaine de vaisseau Villaret-Joyeuse, un des meilleurs officiers de notre marine, lui servit de guide pour tout ce qui a rapport à l'art naval. Au commencement de septembre 1843, il entreprit un voyage beaucoup plus long; il se rendit d'abord à Dresde, puis à Berlin, d'où il alla s'embarquer à Hambourg pour la Grande-Bretagne.

En se déterminant à visiter ce pays, l'auguste voyageur avait deux motifs :

Compléter son éducation en étudiant les mœurs, les lois, les institutions, les établissements industriels et publics d'une contrée si intéressante et qu'il avait quittée, en 1833, trop jeune pour la bien connaître;

Mettre le plus grand nombre possible de Français à même de venir le voir, afin que chacun pût l'apprécier et le juger; s'entourer de tous les renseignements, de tous les avis propres à lui faire apprécier les besoins et les véritables intérêts de sa patrie.

Le nom de *Comte de Chambord*, qui rappelle l'hommage offert à son berceau par l'élan national, fut celui qu'il prit dans ce voyage, et qu'il portait habituellement sur la terre d'exil.

Débarqué le 6 octobre 1843 dans le port de Hull, le comte de Chambord parcourut le bassin de l'Humber, les villes d'York et de Newcastle, le port de Sunderland, toute cette partie de la côte nord-est de l'Angleterre qui se livre avec une si grande activité à l'exportation de la houille. Là encore, il était accompagné de M. de Villaret-Joyeuse, et il avait d'ailleurs pour guide le remarquable ouvrage publié par M. Charles Dupin sur l'Angleterre considérée principalement au point de vue de l'industrie.

De là, HENRI alla revoir Edimbourg, où il retrouva toujours bien vifs les souvenirs affectueux et reconnaissants que lui et sa famille avaient laissés dans cette ville. Le 27 octobre, il était à Glascow, la capitale industrielle de l'Ecosse. Indépendamment de MM. le duc de Lévis, le duc des Cars et de Villaret-Joyeuse, il était accompagné de M. Barande, son ancien sous-précepteur. Personne n'était plus capable de démontrer l'application après la théorie. Le comte de Chambord visita, dans le plus grand détail, le port, les fabriques, les manufactures de Glascow. Puis, rentrant en Angleterre, il arriva le 2 novembre, dans la soirée, à Liverpool.

Cette grande cité, celles de Manchester, de Sheffield et de Leeds, lui fournirent tour-à-tour les plus intéressantes études. La connaissance de la langue anglaise, qu'il possède parfaitement, ainsi que l'allemand et l'italien, lui permit de tirer de ces excursions tout le parti possible. Partout, en s'initiant à l'industrie anglaise, la pensée du prince français se reportait vers l'industrie de son pays, vers ses progrès et sa prospérité. Toujours il était heureux quand un souvenir honorable pour la France se rencontrait sur son chemin. Par exemple, à Manchester, dans une fabrique d'étoffes de soie damassées, les métiers à la Jacquart fixèrent particulièrement son attention. Il parut entendre avec un grand plaisir les fabricants anglais reconnaître les immenses services que leur rend cette ingénieuse machine, et avouer en même temps la supériorité incontestable que conservent toujours les produits de l'industrie lyonnaise. Au milieu de cette nombreuse variété de machines, le comte de Chambord s'informa constamment du nom des inventeurs, du lieu qui les a vus naître ; et l'on pouvait lire sur son visage la satisfaction qu'il éprouvait en entendant un nom qui lui rappelait sa patrie.

Les procédés agricoles employés en Angleterre, les belles races de bestiaux que possède ce pays, fixèrent souvent aussi l'attention du comte de Chambord. Il fit voir combien il apprécie, combien il honore l'agriculture, cette mère-nourrice du genre humain, et quel rang il voudrait la voir occuper chez nous.

La présence du prince en Angleterre, sans autre suite que quelques fidèles amis, avait causé au gouvernement orléaniste les plus vives alarmes. Le duc de Nemours se rendit en Angleterre, chargé d'une mission de son père près de la reine Victoria. C'était une peine bien superflue, si Louis-Philippe voulait faire interdire au prince exilé l'accès de la cour d'Angleterre ; le comte de Chambord n'avait jamais songé à briguer l'amitié d'un gouvernement dont la constante hostilité contre l'intérêt français est si manifeste. Tandis que Louis-Philippe se faisait décerner, dans les feuilles ministérielles de Londres, de pompeuses apothéoses ; tandis qu'un de ces journaux allait jusqu'à lui promettre une levée en masse de l'Angleterre pour le soutenir en cas de besoin, HENRI avait pris une toute autre attitude. Il ne recherchait que les sympathies des hommes de cœur, de foi, d'intelligence, et ces sympathies ne lui manquèrent pas.

Le comte de Chambord arriva le 27 novembre à Londres. Un hôtel sur la place Belgrave (Belgrave-Square), était loué pour lui. M. de Châteaubriand, que n'avaient pu arrêter ni la saison ni son âge, l'attendait avec un grand nombre de Français. Au moment où HENRI descendait de voiture, le grand écrivain se présenta, et aussitôt le prince le serra dans ses bras avec effusion. L'émotion de l'illustre vieillard fut si forte, qu'HENRI dut le soutenir.

Quelques jours après, M. de Châteaubriand, en repartant pour la France, recevait pour adieu la lettre que voici :

« Londres, le 4 décembre 1843.

» Monsieur le vicomte de Châteaubriand, au moment où je vais avoir le chagrin de me séparer de vous, je veux vous parler encore de toute ma reconnaissance pour la visite que vous êtes venu me faire sur la terre étrangère, et vous dire tout le plaisir que j'ai éprouvé à vous revoir et à vous entretenir des grands intérêts de l'avenir. En me trouvant avec vous en parfaite communauté d'opinions et de sentiments, je suis heureux de voir que la ligne de conduite que j'ai adoptée dans l'exil, et la position que j'ai prise, sont en tous points conformes aux conseils que j'ai voulu demander à votre longue expérience et à vos lumières. Je marcherai donc avec encore plus de confiance et de fermeté dans la voie que je me suis tracée.

» Plus heureux que moi, vous allez revoir notre chère patrie. Dites à la France tout ce qu'il y a dans mon cœur d'amour pour elle. J'aime à prendre pour mon interprète cette voix si chère à la France, et qui a si glorieusement défendu, dans tous les temps, les principes monarchiques et les libertés nationales.

» Je vous renouvelle, Monsieur le vicomte, l'assurance de ma sincère amitié.

» Henri. »

De toutes les parties de la France, il arrivait sans cesse une foule de voyageurs, avides de présenter leurs hommages à l'auguste voyageur. Chaque jour, des Français de tous les états, de tous les rangs, se pressaient dans les salons de Belgrave-Square. On y voyait des écrivains, des artistes, des négociants, des artisans. Là, de simples ouvriers se trouvaient sur le pied d'une égalité parfaite avec les plus grands noms de France. Henri appréciait même d'autant plus le dévoûment des hommes pauvres et obscurs, en raison des sacrifices qu'ils avaient dû s'imposer.

A Paris et ailleurs, il se fit dans la classe ouvrière des cotisations, afin d'envoyer des députations à Londres. Le 17 décembre, quatre artisans, venus ainsi de Paris, furent reçus par Henri de France. C'étaient MM. Pernin, peintre en bâtiments ; Lefondeur, ébéniste ; Rambat, charpentier, et Gérard, serrurier. Le prince les accueillit avec tant de bonté qu'ils en furent touchés jusqu'aux larmes. Un ouvrier venu de Lille, M. Vandermesch, et le fils d'un tailleur de Toulouse, M. Richard, retracèrent, dans des lettres aux journaux, les impressions de leur voyage de Londres ; ils ne pouvaient trouver d'expressions pour peindre l'affabilité, la bienveillance que le prince leur avait témoignées.

Pendant ce temps, les journaux de Louis-Philippe et

ceux de l'extrême gauche, notamment le *National*, exhalaient leur colère avec la dernière violence. Ils avaient commencé par dire que la noblesse seule, des ducs, des marquis, allaient saluer le comte de Chambord; mais bientôt il ne fut plus possible de soutenir ce mensonge. Le *National*, d'un ton de dédain fort singulier, prétendit que les *épiciers* voulaient, eux aussi, avoir leur Coblentz : les ouvriers coupables de se sentir attirés vers le petit-fils d'Henri IV, furent l'objet de mille invectives de la part de prétendus amis du peuple. Que ce peuple consente à leur servir de dupes et d'instruments, ils chantent ses louanges : qu'il y voie clair et se tourne ailleurs, ils le couvrent d'injures. Une vingtaine de maires de différents départements furent au nombre des visiteurs : le gouvernement orléaniste se vengea en les révoquant. On se rappelle la *flétrissure* qu'il fit infliger, dans l'adresse de la Chambre, aux cinq députés qui avaient fait ce voyage; on se rappelle aussi leur éclatante réélection.

A Londres, existe une *Société de Bienfaisance*, organisée entre Français, pour aider leurs concitoyens malheureux qui se trouvent en Angleterre. Outre plusieurs autres secours destinés aux Français nécessiteux, le comte de Chambord donna à cette société 1,000 francs; et il engagea plusieurs de ses amis à souscrire pour pareille somme.

Henri recevait tous les Français sans s'informer de leur opinion. A Londres se trouvait le célèbre sculpteur Flatters, qui était décoré de Juillet. Le prince sut qu'à cause de cette circonstance il n'avait point osé se présenter à Belgrave-Square. Un ami du statuaire fut chargé de l'amener dès le lendemain. « Dites bien à M. Flatters, » ajouta le prince, « que le duc de Bordeaux » était trop jeune en 1830 pour avoir aucun souvenir de » ce qui s'est fait à cette époque. »

Tel est le comte de Chambord : n'oubliant et ne négligeant aucune des fidélités éprouvées, et prêt à ouvrir ses bras à quiconque revient loyalement vers lui.

En six semaines, on avait compté au-delà de 1,500 visiteurs. Le nombre eût été encore bien plus grand si le prince avait prolongé son séjour en Angleterre; mais les alarmantes nouvelles qu'il reçut de Monseigneur Louis-

Antoine de France, son oncle, hâtèrent son départ. Il quitta Londres le 13 janvier, et arriva, le 24, à Goritz.

Ce voyage d'Angleterre avait principalement pour but de rectifier des jugements faux et injustes : l'effet moral fut immense ; il dépassa tout ce qu'on pouvait espérer.

CHAPITRE IV.

Mort de Louis-Antoine de France. — Notification de M. le comte de Chambord aux cours étrangères. — Mariage du Prince. — Ses dons à cette occasion. — Ses bienfaits pendant l'hiver de 1846 à 1847. — La Révolution de Février. — Lettres du comte de Chambord. — Son portrait. — Conclusion.

Le comte de Chambord avait trouvé son oncle dans un état plus rassurant ; mais cette amélioration fut, malheureusement, passagère. Le 3 juin suivant, le vertueux prince termina sa vie pieuse et résignée. A l'occasion de ce triste évènement, HENRI DE FRANCE adressa aux cours étrangères la notification ci-après :

« Devenu, par la mort de M. le comte de Marnes, chef de la maison de Bourbon, je regarde comme un devoir de protester contre le changement qui a été introduit dans l'ordre légitime de succession à la couronne, et je déclare que je ne renoncerai jamais aux droits que, d'après les anciennes lois françaises, je tiens de ma naissance.

» Ces droits sont liés à de grands devoirs, qu'avec la grâce de Dieu je saurai remplir ; toutefois, je ne veux les exercer que lorsque, dans ma conviction, la Providence m'appellera à être véritablement utile à la France.

» Jusqu'à cette époque, mon intention est de ne prendre, dans l'exil où je suis forcé de vivre, que le nom de comte de Chambord ; c'est celui que j'ai adopté en sortant de France ; je désire le conserver dans mes relations avec les cours. »

Quelque temps après, la famille royale prit pour résidence le château de Frohsdorff, beaucoup plus rapproché de Vienne (seize lieues seulement, bien abrégées par un chemin de fer, le séparent de cette capitale). Comme les habitants d'Edimbourg et ceux de Prague, la population de Goritz exprima les regrets les plus touchants en voyant s'éloigner des hôtes si vénérés et si aimés.

Le comte de Chambord se partageait entre Frohsdorff et Venise, où habitait alors sa courageuse et digne mère. De nombreux Français continuaient de venir lui présenter leurs hommages. De ce nombre fut madame Bergasse, sœur de l'amiral Dupetit-Thouars, que le gouvernement usurpateur avait honteusement désavoué dans l'affaire de Taïti. HENRI lui exprima la plus flatteuse satisfaction de la conduite ferme et vraiment nationale de son frère.

Les excursions du prince dans la Haute-Italie, qu'il ne connaissait encore qu'imparfaitement, lui fournirent l'occasion de visiter les champs de bataille de Castiglione, de Rivoli, d'Arcole. Sous tous les drapeaux, HENRI apprécie et admire la valeur française. Un vétéran de la République, un acteur de ces batailles, accompagnait le prince et lui servait de guide, comme avait fait, deux ans auparavant, le brave général Vincent sur le théâtre de la guerre de Prusse.

Pour aucune œuvre patriotique, le concours du royal proscrit n'est vainement réclamé. La ville de Falaise élevait une statue à Guillaume-le-Conquérant, à ce prince immortel qui courba sous ses lois l'Angleterre vaincue : à défaut de Louis-Philippe, qui craignait de déplaire à ses amis d'outre-Manche, le comte de Chambord fut un des souscripteurs. Quand la ville de Condé-sur-Noireau fit un appel pour un monument à l'amiral Dumont-d'Urville, victime de la catastrophe du chemin de fer de Versailles, de pénibles souvenirs compromettaient cette œuvre auprès de plusieurs personnes honorables. Chargé, en 1830, de transporter Charles X et sa famille sur la terre d'exil, l'amiral avait eu le malheur d'oublier les égards doublement dus à un vieillard et à un roi dans l'infortune. Le maire de Condé, confiant dans la magnanimité du petit-fils de Charles X, lui demanda sa souscription, pour qu'elle triomphât de ces légitimes répugnances; le prince répondit par l'envoi de

500 francs, et par une lettre où il déclarait ne se souvenir que du mérite et des services du célèbre navigateur.

Le 10 novembre 1845, Henri eut le bonheur de voir célébrer, à Frohsdorff, le mariage de son aimable et charmante sœur, avec le prince héréditaire de Lucques. A cette occasion, la princesse envoya 12,000 francs pour être distribués parmi les pauvres de Paris.

Un an après, Henri lui-même formait une alliance digne de lui, digne du sang des Bourbons.

Voici la noble *lettre de faire part*, où le prince annonça son mariage à la France :

« Frohsdorff, le 28 octobre 1846.

» Monsieur le marquis de Pastoret, je désire qu'à l'occasion de mon mariage, les pauvres aient part à la joie que m'inspire cette nouvelle preuve de la protection du ciel sur ma famille et sur moi, et il me paraît que ceux de Paris ont un droit particulier à mon intérêt, car je n'oublie pas que c'est dans cette ville que je suis né et que j'ai passé les premières années de ma vie. Je m'empresse, en conséquence, de vous annoncer que je mets à votre disposition une somme de vingt mille francs, que je vous charge de distribuer.

» Dans la répartition de ce secours, vous n'aurez égard à aucune autre considération qu'à celle des besoins et de la position plus ou moins malheureuse de chacun, vous concertant, à cet effet, avec quelques-uns de mes fidèles amis, qui seront heureux de vous prêter le concours de leur zèle pour vous aider à remplir mes intentions. Je n'ai qu'un seul regret, c'est de ne pouvoir pas donner davantage. Quand je pense surtout à la misère qui règne en ce moment, et dont l'hiver qui s'approche ne peut qu'augmenter encore les rigueurs, je voudrais avoir des trésors à répandre pour soulager tant de souffrances. Je suis sûr que mes amis sentiront comme moi la nécessité de s'imposer de nouveaux sacrifices, et de rendre leurs aumônes plus abondantes que jamais. Ils ne peuvent rien faire qui me soit plus agréable ; c'est, d'ailleurs, le grand moyen d'éloigner de notre commune et chère patrie les maux qui la menacent, et d'attirer sur elle toutes les bénédictions qui peuvent assurer son bonheur.

» Je vous renouvelle, Monsieur le marquis de Pastoret, l'assurance de toute mon estime et de mon affection.

« HENRI. »

Ce don de vingt mille francs, destiné aux seuls pauvres de Paris, n'était qu'un prélude aux autres bienfaits du PRINCE FRANÇAIS, comme disent partout les étrangers. Quarante mille francs furent consacrés par lui à la fondation d'ateliers de charité. Voici la nouvelle lettre où se traduisit cette belle et haute pensée :

« Frohsdorff, le 30 octobre 1846.

» Monsieur le marquis de Pastoret, vous savez que c'est surtout par des secours distribués aux classes indigentes, que je désire marquer l'heureuse époque de mon mariage et remercier la divine Providence d'avoir écarté les obstacles qui s'y étaient opposés jusqu'ici. Quoique forcé de vivre sur la terre étrangère, je ne puis jamais être indifférent ou insensible aux maux de la patrie. En pensant à la cherté des subsistances et aux justes craintes qu'elle inspire pour la saison rigoureuse où nous allons entrer, j'ai cherché comment je pourrais contribuer au soulagement de la misère publique. Il m'a paru que le meilleur emploi à faire des sommes dont je puis disposer, c'est de les consacrer à établir à Chambord, et dans les forêts qui nous appartiennent encore, des ateliers de charité qui, offrant aux habitants pauvres de ces contrées un travail assuré pendant l'hiver prochain, leur fournissent les moyens de pourvoir à leurs besoins et à ceux de leur famille. Je vous charge donc de prendre les mesures nécessaires pour l'exécution d'un projet que j'aimerais à voir s'étendre à la France entière. Pour moi, je me féliciterai, du moins, d'avoir pu adoucir le sort de Français malheureux qui, par leur position particulière, ont encore plus de titres à mon intérêt.

» Je vous renouvelle, Monsieur le marquis de Pastoret, l'assurance de toute mon estime et de mon affection.

» HENRI. »

Le mariage d'HENRI DE FRANCE avec MARIE-THÉRÈSE-BÉATRIX, sœur du duc de Modène et archiduchesse d'Autriche, fut célébré par procuration à Modène le 7 novembre. M. le duc de Lévis représentait le prince. Le 9, la princesse partit pour aller rejoindre le comte de Chambord, qui vint à sa rencontre. Le 16 novembre, dans la petite ville de Bruck, à une journée de Frohsdorff, la bénédiction nuptiale leur fut donnée. Ce fut un prêtre français, un fidèle compagnon d'exil, M. l'abbé Trébuquet, qui eut cette imposante et sainte mission : ses paroles respirèrent la plus haute et la plus chrétienne éloquence. Les autorités de la ville vinrent ensuite porter leurs félicitations respectueuses aux augustes époux, et les remercier des aumônes abondantes qu'ils avaient répandues.

Le 17, il y eut à Frohsdorff un grand dîner, auquel furent invités tous les Français qui se trouvaient dans ce moment à Frohsdorff et à Vienne. Au sortir de la chapelle où elle avait été rendre grâce à Dieu de son union, Mme la comtesse de Chambord envoya dix mille francs pour les inondés de la Loire.

Ainsi, c'est par un bienfait envers des Français malheureux, que cette noble princesse voulut inaugurer sa nouvelle qualité de Française. Par son affabilité, par sa charité, par les dons du cœur joints chez elle à ceux de l'esprit, l'arrière-petite-fille de la grande Marie-Thérèse est digne de celui à qui elle a consacré sa vie.

La sensation excitée par le mariage de HENRI prit véritablement, en France, le caractère d'un évènement populaire. Les dames de la Halle de Paris, entr'autres, n'avaient pas oublié qu'elles vinrent, le jour de sa naissance, le saluer dans son berceau. Elles lui adressèrent une lettre dans laquelle ce souvenir était rappelé avec l'accent du cœur. Un magnifique bouquet accompagnait cette lettre, et fut reçu, comme elle, avec un vif plaisir. Le prince et la princesse répondirent de leur main, à ces dignes femmes, dans les termes les plus bienveillants.

A Chambord, les réjouissances eurent un caractère tout particulier. Les revenus de ce domaine, si cher à HENRI, sont dépensés sur les lieux, et se changent en bienfaits pour tout le voisinage. A l'occasion du mariage du prince, ces bienfaits s'épanchèrent encore plus abondants.

Les dons charitables ne se bornèrent pas aux vastes limites du parc; les communes voisines reçurent aussi une grande quantité de pain, viande, bois, vêtements, secours en tout genre pour les pauvres et les malades. Les fidèles représentants du prince suivirent littéralement sa volonté, en consultant les seuls besoins de chacun.

L'hiver de 1846 à 1847 fut doublement dur à passer, en raison de l'excessive cherté des subsistances, causée par la grande sécheresse et la mauvaise récolte de l'été précédent. En beaucoup d'endroits, il y eut des émeutes. A Buzançais, en Berry, elles prirent plus de gravité. L'assassinat s'y joignit, accompagné de circonstances horribles. Là, les doctrines communistes faisaient déjà sentir leur fatale influence. Les ateliers de charité établis dans les environs de Chambord furent un bien grand soulagement, pendant ce cruel hiver. De plus, chaque semaine, le curé de la paroisse procédait, de la part du prince, à d'abondantes distributions de pain. La bienfaisance du prince s'étendit pareillement sur les cantons de la Haute-Marne où il possède des forêts. Des travaux qui devaient être faits plus tard furent immédiatement commencés pour fournir de l'ouvrage aux malheureux. Les curés eurent, là aussi, leurs distributions à faire chaque dimanche. Maires, conseils municipaux, clergé, tous furent unanimes dans l'expression de leur reconnaissance pour celui qui, du fond de l'exil, multipliait ses ressources en faveur des malheureux. Le comte de Chambord avait déclaré que le meilleur moyen de lui être agréable était de faire beaucoup de bien. Ses intentions et son exemple furent suivis avec le plus louable empressement. Les pauvres de Dijon avaient trouvé un nom heureux pour les soupes qui leur étaient ainsi distribuées; ils les appelaient *soupes à la Chambord*.

Ainsi, bien des misères en France furent soulagées, soit par le prince lui-même, soit par son influence. Cette pensée était la plus douce jouissance que pût goûter son cœur si charitable et si français.

D'immenses évènements allaient s'accomplir. L'usurpation de 1830 portait en elle la révolution de 1848. Tôt ou tard, Dieu a son heure de justice, et cette heure était venue.

En apprenant, dans son exil, cette vengeance accordée par le ciel à ses malheurs et à ceux de sa famille, HENRI DE FRANCE ne songea pas à s'en réjouir; il ne fut préoccupé que du sort de sa patrie, précipitée tout-à-coup au milieu des plus affreux périls. Il était alors à Venise, près de sa mère. Un mois après, une révolution éclatait aussi dans cette ville, insurgée contre les Autrichiens. Le comte de Chambord ne resta pas renfermé dans sa demeure; il voulut tout voir par lui-même, se mêler à la foule effervescente. Il était sur la place Saint-Marc quand des coups de feu y furent échangés : un homme du peuple fut tué à quelques pas de lui.

Du reste, l'insurrection vénitienne, dans sa victoire, entoura le comte de Chambord et la duchesse de Berry d'égards et de respects; car tous deux n'étaient connus à Venise que par leurs bienfaits. Ce fut seulement après plusieurs jours qu'ils partirent pour l'Autriche.

Mais l'esprit de désordre avait pénétré jusqu'au cœur même de cet empire. Avec les clubs et l'émeute, Vienne vit, comme Paris, la misère l'envahir; comme Paris, elle eut ses *ateliers nationaux*. Des bandes de malheureux qui en faisaient partie furent envoyées dans le voisinage de Froshdorff. Malgré les circonstances, la famille royale n'avait pas voulu quitter cette résidence où elle trouvait du bien à faire. Sa bonté s'étendit sur ces colonies d'ouvriers qui manquaient de tout. Sans s'informer si ces hommes, trompés et égarés, avaient servi d'instrument aux perturbateurs, elle ne vit en eux que leurs souffrances : elle leur distribua, selon ses moyens, des vêtements et d'autres secours.

Les nouvelles de France étaient, pour le comte de Chambord, le sujet d'une préoccupation de tous les moments. Dès l'abord, sa ligne de conduite avait été toute tracée. Elle se traduisit admirablement dans la lettre suivante, adressée à l'un de ses amis de Paris :

« Froshdorff, le 1ᵉʳ juin 1848.

» Je viens, Monsieur, de lire la prétendue lettre adressée par moi au président de l'Assemblée nationale, imprimée et publiée à Paris le 18 mai dernier. Je sais aussi qu'il a été répandu plusieurs autres lettres qui tendraient à faire croire que j'ai renoncé au doux espoir de revoir ma chère patrie. Aucune de ces lettres n'est de moi.

» Ce qu'il y a de vrai, c'est mon amour pour la France, c'est le sentiment profond que j'ai de ses droits, de ses intérêts, de ses besoins dans les temps actuels ; c'est la disposition où je suis de me dévouer tout entier, de me sacrifier à elle, si la Providence me juge digne de cette noble et sainte mission.

» Français avant tout, je n'ai jamais souffert, je ne souffrirai jamais que mon nom soit prononcé lorsqu'il ne pourrait être qu'une cause de division et de trouble. Mais si les espérances du pays sont encore une fois trompées, si la France, lasse enfin de toutes ces expériences qui n'aboutissent qu'à la tenir perpétuellement suspendue sur un abîme, tourne vers moi ses regards et prononce elle-même mon nom comme un gage de sécurité et de salut, comme la garantie véritable des droits et de la liberté de tous, qu'elle se souvienne alors que mon bras, que mon cœur, que ma vie, que tout est à elle, et qu'elle peut toujours compter sur moi.

» Je vous renouvelle, Monsieur, l'assurance de toute mon affection.

» HENRI. »

Trois semaines après, éclatait l'affreuse lutte de juin. Quel déchirement pour le cœur du petit-fils d'Henri IV! Ces sinistres nouvelles mirent Froshdorff en deuil. Au prix de son sang, HENRI aurait voulu épargner ce sang français qui venait de couler à grands flots. De la demeure de l'exil, les plus ferventes prières montèrent vers le ciel.

Peu après, le prince, en réponse à une lettre qui lui annonçait la mort de M. de Châteaubriand, écrivit ces nobles lignes:

« Votre lettre, Monsieur, est la première qui m'ait apporté la nouvelle de la mort de M. de Châteaubriand. J'avais en lui un ami sincère, un conseiller fidèle, de qui j'étais heureux, dans mon exil, de recevoir les avis et de pénétrer les généreuses pensées. Depuis plusieurs mois, je m'affligeais de voir ce beau génie approcher du terme de sa carrière; cette perte si grande m'est plus pénible encore en ce moment, où mon cœur a tant à gémir des douleurs de la patrie.

» Que de malheurs n'ai-je pas à déplorer! ces luttes affreuses qui viennent d'ensanglanter la capitale, la mort de tant d'hommes honorables et distingués dans la garde nationale et dans l'armée, le martyre de l'archevêque de Paris, la misère du pauvre peuple, la ruine de nos industries, les alarmes de la France entière! Je prie Dieu d'en abréger le cours.

» Puissent le spectacle de ces calamités et la crainte des maux qui menacent l'avenir ne point emporter les esprits loin des grands principes de justice et de liberté

publique, qu'en ce temps plus que jamais les amis d
peuples et des rois doivent défendre et maintenir!

» Je vous renouvelle, Monsieur, l'assurance de m
bien sincère et constante affection.

» HENRI.

» Le 15 juillet 1848. »

Cette admirable lettre du 1ᵉʳ juin, que nous avon
donnée tout à l'heure, un représentant de la Montagne
M. Joly, vint la lire à la tribune de l'Assemblée natio
nale, comme une preuve de complots. Cette lecture, loi
de causer l'effet qu'il en attendait, produisit au contrair
l'impression la plus favorable. Pour jeter plus de lu
mière sur les nobles sentiments du prince exilé, la Pro
vidence se servait de ceux-là mêmes qui le calomnien
avec le plus d'acharnement.

Quatre ans auparavant, dans une lettre de félicitatio
aux cinq députés prétendus *flétris* sur leur réélection,
M. le comte de Chambord s'exprimait ainsi :

« Le sentiment de générosité qui a porté les hommes
honorables qui ne partagent pas toutes vos convictions,
à se rapprocher de vous dans cette circonstance, doit
nous donner l'espoir qu'un jour viendra, jour heureux
de conciliation, où tous les hommes sincères de tous les
partis, de toutes les opinions, abjurant leurs trop longues divisions, se réuniront de bonne foi sur le terrain
des principes monarchiques et des libertés nationales,
pour servir et défendre notre commune patrie. »

Ces pensées de conciliation large et sincère, où la
fidélité des anciens serviteurs n'est pas oubliée, où une
place est offerte à tous les hommes de mérite et de pro-
bité capables de bien servir la France, elles sont, elles
ont toujours été dans le cœur du comte de Chambord.
Du temps de Louis-Philippe, on l'a entendu plaindre les
républicains plongés dans les cachots du Mont-Saint-
Michel, et détester des rigueurs capables de réduire des
malheureux à l'idiotisme. Maintenant, il voudrait voir

toute proscription cesser, sous l'abri d'un principe qu'il croit seul en mesure de réaliser l'union générale. C'est ce que lui-même a dit à M. Charles Didier, quand cet écrivain démocrate eut l'honneur, il y a quelques mois, d'être reçu par lui. M. le comte de Chambord lui déclara « qu'il n'avait aucune ambition personnelle; qu'il se considérait en effet comme le principe de l'ordre et de la stabilité; qu'il entendait maintenir ce principe intact, ne fût-ce que pour le repos futur de la France; que ce principe était toute sa force, qu'il n'en avait pas d'autre; qu'il en aurait toujours assez pour remplir son devoir, quel qu'il fût, et que Dieu, d'ailleurs, lui viendrait en aide. Si je rentre jamais en France, » ajouta-t-il, « ce » ne sera que pour faire de la conciliation, et je crois » que moi seul en peux faire (1). »

M. Charles Didier dit plus loin : « Tout en lui décèle une grande droiture de cœur et d'esprit, unie à l'amour du bien. » Les affaires de France sont sa continuelle occupation. Renseigné par la lecture des journaux des diverses opinions, par des correspondances fidèles, HENRI est parfaitement au fait de la marche des évènements et des idées, pour les détails et l'ensemble.

L'écrivain républicain rend hommage aux idées vraiment libérales du prince, que certaines gens voudraient faire passer pour un représentant de l'absolutisme; au caractère éclairé de sa foi religieuse, tout-à-fait éloignée d'un étroit bigotisme ou d'une aveugle intolérance. HENRI est de son siècle comme il en faut être; il en comprend tous les besoins véritables, il en étudie tous les problèmes. Les questions sociales, celles qui regardent le sort des masses populaires, occupent particulièrement son attention. Il porte dans leur examen un esprit de chrétienne bonté, d'attentive sollicitude bien différent des excitations menteuses de ces charlatans sans entrailles qui jettent au peuple d'impossibles chimères et le caressent afin de l'exploiter.

Quant à sa personne, voici le portrait que trace de lui M. Didier : « Il est de taille moyenne et incline à l'embonpoint; mais il est loin de l'obésité dont on le croit gé-

---

(1) *Une Visite à Monsieur le duc de Bordeaux*, par M. Charles Didier. Prix : 1 fr.

néralement et dont je le croyais moi-même affligé.....
Quoiqu'un peu pleine et marquée du cachet bourbonnien, sa figure est très agréable, franche, ouverte, sympathique, avec un air de santé, de jeunesse, l'air, en un mot, de ses vingt-huit ans. Il porte un collier de barbe et une petite moustache. Son œil, d'un bleu limpide, et à la fois vif et doux, écoute bien, interroge beaucoup ; il regarde si droit et si fixe que je considère comme une chose impossible de lui mentir en face. Quant à lui, il suffit de le voir pour demeurer convaincu de sa véracité. »

Les traces laissées par l'accident du 28 juillet 1841 sont une certaine raideur dans l'articulation de la cuisse et de la jambe, sans aucun raccourcissement, sans la difformité la plus légère, et qui n'empêche pas, d'ailleurs, le prince de faire de longues courses à pied, d'être, comme auparavant, cavalier excellent et intrépide. On peut dire que de cet évènement si terrible, il lui reste tout juste ce qu'il fallait pour montrer à quel imminent péril de mort la protection divine l'a fait échapper.

Les gens qui parlent de complots soudoyés par le comte de Chambord, font preuve d'une extrême ignorance ou d'une méchanceté bien maladroite. C'est à la justice et à la raison publique, uniquement, qu'il veut devoir la fin de son exil. Il n'aurait tenu qu'à lui, depuis la révolution de Février, de tenter un coup de fortune : il s'en est abstenu ; il n'a pas voulu que ses ennemis eussent même le prétexte de lui reprocher d'avoir entravé, troublé les commencements et l'essai du régime nouveau.

Quant à dire que le comte de Chambord compte, pour rentrer dans sa patrie, sur le secours des étrangers, c'est la plus stupide des calomnies. TOUT POUR LA FRANCE ET PAR LA FRANCE, telle a été sa constante devise. Et non-seulement toutes ses paroles, mais encore toute sa conduite, démentent cette inepte imputation. Qu'on en soit bien persuadé : s'il y a des puissances envieuses de notre grandeur nationale, elles aiment bien mieux voir la France se débattre dans la carrière des révolutions que replacée dans les conditions qui, de siècle en siècle, agrandirent son territoire, et la firent parvenir au plus haut degré d'éclat et de prospérité.

Les sentiments du prince ont pu se manifester encore dans son voyage à Ems, non loin des bords du Rhin (août 1849). De nombreux Français de toutes les classes s'y étaient rendus, parmi lesquels des délégués des ouvriers de Paris, qui lui ont offert divers objets de la fabrique parisienne, entre autres une magnifique paire de pistolets, accompagnée d'un gros cahier contenant les noms des souscripteurs. Voici la lettre écrite par le prince à cette occasion :

« C'est avec l'émotion la plus vive que j'ai reçu l'hommage qui m'a été offert par des ouvriers de tous les états de la ville de Paris. J'ai été profondément touché de voir leurs délégués venir me trouver sur la terre étrangère, et je les charge d'être auprès de tous leurs camarades les interprètes de ma gratitude et de mon affection. Apprendre que mon nom est prononcé avec sympathie dans mon pays, dans ma ville natale, c'est la plus douce consolation que je puisse recevoir dans l'exil.

» En parcourant les listes nombreuses qui m'ont été apportées, j'ai été heureux et fier de compter tant d'amis dans les classes laborieuses. Etudiant sans cesse les moyens de leur être utile, je connais leurs besoins, leurs souffrances, et mon regret le plus grand est que mon éloignement de la patrie me prive du bonheur de leur venir en aide et d'améliorer leur sort. Mais un jour viendra, c'est mon espoir le plus cher, un jour viendra où il me sera donné de servir la France et de mériter son amour et sa confiance.

» HENRI.

» Ems, le 25 août 1849. »

Tel est le langage d'HENRI DE FRANCE aux classes populaires, et ce langage est bien celui du cœur.

FIN.

PARIS. — Imp. É. PROUX et Cⁱᵉ, rue Nᵉ-des-Bons-Enfants, 3.

HISTOIRE

DES

GUERRES DE L'OUEST

(Vendée, Chouannerie, 1792-1815),

Par M. Th. MURET.

Cinq forts volumes in-8º, avec une carte des provinces de l'Ouest et un plan de Quiberon.

Prix : 20 fr.

HISTOIRE

DE

L'ARMÉE DE CONDÉ,

Par M. Th. MURET.

Deux volumes in-8º, avec portraits des trois Condés, *fac-simile* de leur écriture et carte géographique.

Deux volumes in-8º. Prix : 10 francs.

L'*Armée de Condé* et l'*Histoire des Guerres de l'Ouest*, formant l'Histoire des Luttes royalistes pendant la Révolution, ont leur place marquée d'avance sur le même rayon de bibliothèque. Les deux ouvrages ne se vendent, réunis, que 25 francs, c'est-à-dire à peine le prix des volumes du format dit *Charpentier*.

Paris. Imprimerie Édouard Proux, rue Neuve-des-Bons-Enfants, 3.

www.ingramcontent.com/pod-product-compliance
Lightning Source LLC
Chambersburg PA
CBHW070708050426
42451CB00008B/557